© 2020 Wild Immersion.
Photographies : Julia Pouteau, Alexandre Servain, Elaine Ford et Pierre Douay.

© Hachette Livre, 2020 pour la présente édition.
Texte : Pascal Ruter.
Création graphique du roman : Claire Kocik et Audrey Thierry.

Hachette Livre, 58, rue Jean-Bleuzen, 92178 Vanves Cedex.

Expédition au pays des LIONS

WILD IMMERSION

Hachette JEUNESSE

Moi, c'est Romain !

Dans ma famille, on est tous passionnés
par la nature et les animaux.
Mes parents, Adam et Ophélie,
sont photographes animaliers.
Ils voyagent aux quatre coins du monde
à la rencontre de nouvelles espèces.
Quant à Lilou, ma tante, elle est vétérinaire
dans un refuge qui recueille les animaux
sauvages en détresse.
Grâce à eux, je voyage beaucoup
et j'ai la chance de découvrir plein
d'animaux dans leur milieu naturel.

À l'école, je tiens un petit journal dans lequel je fais des reportages. Et bien sûr, mon sujet préféré, ce sont les animaux !
Mais voilà, depuis quelque temps, on me parle beaucoup des dangers qui menacent la planète. Alors je m'inquiète pour toutes les espèces qui risquent de disparaître...

Au fait, je vous ai parlé de ma petite sœur Julia ? Elle a 3 ans et le premier mot qu'elle a prononcé, c'est « panda ».
Puisque je vous dis que c'est de famille !

En route pour l'aventure ! 1

Quel plaisir de se réveiller en ce premier jour des vacances de Pâques ! Ma chambre est baignée d'un doux soleil de printemps.

J'aime bien prendre mon temps mais je ne suis pas spécialement du genre à paresser au lit, surtout quand une bonne odeur de brioche flotte dans l'appartement. Alors action ! Me voilà habillé en un temps record, devant cette merveilleuse brioche sucrée dont mon père a le secret. Je la déguste tout en feuilletant le dernier numéro de *Photo Nature*, un magazine qui publie de magnifiques photos du monde entier.

Cette passion de la nature et des animaux, c'est toute une histoire dans ma famille. Mes parents sont photographes animaliers. Ils voyagent aux quatre coins du monde pour découvrir de nouvelles espèces, et ils m'emmènent souvent avec eux dans leurs excursions. Quant à ma

tante, elle est vétérinaire dans un centre qui recueille les animaux sauvages en détresse. Ces pauvres bêtes viennent souvent de zoos ou de cirques où elles ont été maltraitées.

Tout ça me fait d'ailleurs penser que je dois trouver un sujet de reportage pour le petit journal de l'école. Et, évidemment, si je peux parler des animaux, c'est encore mieux !

Le téléphone sonne justement à ce moment-là. C'est Lilou, ma tante.

– Romain ? Tu as quelque chose de prévu aujourd'hui ? me demande-t-elle.

– Tu sais, je cherche un sujet pour mon reportage…

– Ça tombe bien, Ushindi a besoin de toi ! dit ma tante. Je viens te chercher.

Je me munis de mon carnet de notes, de mon appareil photo et je saute dans mes baskets.

Ushindi est un jeune lion né dans un zoo du centre de la France il y a 6 mois. Malheureusement, sa mère est morte quelques heures après sa naissance et il a fallu le mettre à l'écart des autres fauves et lui apporter des soins très particuliers. C'est ainsi que ma tante l'a recueilli dans son centre.

C'est un peu mon lion : je l'ai tenu dans mes bras, je l'ai lavé, je lui ai même donné le biberon. C'est moi qui l'ai baptisé ainsi : Ushindi signifie « victoire » en swahili.

Dès qu'il me voit arriver, Ushindi me reconnaît et se précipite vers moi.

Ce n'est plus le minuscule lionceau que j'ai soigné. À 6 mois, il n'est pas encore adulte, mais en âge d'être sevré et de chasser avec sa mère… s'il en avait une.

S'en approcher serait maintenant dangereux. Il faut accepter qu'une grille nous sépare.

– J'ai discuté longuement avec mes collègues spécialistes des fauves, dit finalement ma tante.

Et nous sommes tous d'accord : le mieux pour ton protégé serait de retrouver son milieu naturel.

– Tu veux dire que…

– Oui, dans la savane, en Afrique. Nous l'avons beaucoup observé. Jamais il ne s'habituera à la vie en captivité.

Ma tante s'y connaît. Elle a une longue expérience des animaux sauvages.

– Alors ça veut dire que…

– Oui, dit ma tante, on ne le verra plus. Mais nous devons penser à son bien-être avant tout.

Je sais qu'elle a raison et je veux le bonheur d'Ushindi, mais mon cœur se serre malgré tout.

– Et ça serait pour quand ?

Ma tante se pince les lèvres. Un peu gênée, elle déclare :

– Demain.

Les larmes me montent aux yeux. C'est idiot, je le sais bien, il suffit de regarder ce petit lion pour se rendre compte qu'il n'est pas fait pour vivre en captivité.

– Je dois lui dire au revoir aujourd'hui, alors…

Les yeux de ma tante brillent.

– Non, dit-elle. Tu viens avec moi.

– En Afrique ?

– En Afrique. En Tanzanie, plus précisément. Un de mes amis tient un centre de soins en pleine brousse. Il accepte de s'occuper d'Ushindi et de préparer son retour à la nature. Décollage demain matin très tôt. Ushindi sera emmené par les services du centre et endormi pour le voyage. Tu as toute la journée pour te préparer.

– J'imagine que mes parents…
– Ils sont d'accord.

C'est vrai que, pour l'aventure, on peut toujours compter sur mes parents.

– C'est une expérience merveilleuse, dit ma mère. L'Afrique !

La savane ! Les fauves dans leur milieu naturel !

En cette fin de journée, la peine d'être séparé d'Ushindi a laissé place à l'excitation et à l'enthousiasme de l'accompagner dans sa nouvelle vie.

Ma mère coche sur une liste les affaires dont je peux avoir besoin : bonnes chaussures de marche, vêtements solides mais bien aérés, chapeau, lotion antimoustique, lunettes teintées, crème pour se protéger du soleil, gourde, boussole, papier, crayons…

– Je crois que tu as tout, dit ma mère. Ah non, un habit imperméable !

– Imperméable ? En Afrique ?
– Oui, c'est la saison des pluies en Tanzanie.
– Et n'oublie pas de prendre des photos, ajoute mon père.

Je lui montre mon petit appareil, ce fidèle allié dont je ne me sépare jamais.

Au cœur de la savane 2

Ça y est, nous sommes enfin à l'aéroport où mon père nous dépose, ma tante et moi, avec nos sacs à dos.

Une demi-heure après, nous volons au-dessus des nuages, pile au bon moment pour assister au magnifique spectacle du soleil qui se lève. C'est incroyable de penser que dans quelques heures nous serons au cœur de la savane !

Je profite du trajet pour en apprendre un peu plus sur ce pays qui sera désormais celui d'Ushindi : la Tanzanie.

Situé en bordure de l'océan Indien, ce pays compte 50 millions d'habitants. On y parle le swahili et l'anglais, ce qui devrait faciliter nos conversations. Ma tante me montre sur une carte le lieu exact où nous nous rendons.

– C'est ici, dans l'immense parc national du Serengeti, annonce-t-elle. Les lions y sont nombreux et en sécurité. C'est pour cela que mon ami Jephter a installé son centre de soins à proximité de cette réserve.

Ma tante m'explique que notre protégé a beaucoup de chance car le roi des animaux est en danger dans de très nombreuses autres régions d'Afrique.

– Dans toute l'Afrique de l'ouest et centrale, le lion est gravement menacé. C'est pourquoi il a été inscrit sur la liste des espèces en voie de disparition. Si ça continue, il n'y en aura plus que la moitié dans vingt ans…

Tous ces renseignements n'invitent vraiment pas à l'optimisme. Mais ma tante me rassure :

– En Tanzanie, beaucoup de touristes viennent du monde entier pour les photographier. Personne n'a intérêt à ce que le lion disparaisse.

– Il aura juste un sourire à faire de temps en temps !

L'avion se pose en fin de journée. Nous retrouvons Jephter à l'aéroport, sous une chaleur suffocante et humide.

Ce dernier nous réserve un accueil très chaleureux. Il est fou de joie de revoir ma tante et se montre tout aussi ravi de savoir que je m'intéresse au sort des animaux sauvages.

– Nous avons besoin de jeunes passionnés de ton âge, me dit-il.

Sans attendre, nous montons dans son puissant véhicule tout-terrain. C'est parti pour deux heures de route jusqu'au centre de soins.

Épuisé, je m'endors.

Quand je me réveille, le paysage a entièrement changé. Le 4 × 4 circule sur une piste de terre,

au milieu d'une végétation rase. Nous sommes en pleine brousse. Nous traversons quelques villages aux maisons basses. Il fait moins chaud. Le ciel est rose et violet. J'ai le sentiment que c'est le début de l'aventure.

Cependant, le vétérinaire a l'air soucieux et ma tante a ce regard contrarié que je connais bien. Mon cœur se met à battre fort car je suis certain qu'ils ont reçu de mauvaises nouvelles concernant mon petit lion.

Ma tante me détrompe : tout va bien pour Ushindi, mais il n'y a pas de quoi se réjouir pour autant :

– La situation n'est pas si formidable qu'on le croyait, m'explique-t-elle. Les lions commencent à être menacés, ici aussi.

Jephter complète :

– Nous avons recueilli plusieurs lions blessés par balles

au cours des semaines passées. Et hier nos patrouilles ont découvert des restes de lions qui ont été tués pour leurs dents, leurs griffes et leur peau. Cela n'arrivait jamais avant.

Des sanglots me montent dans la gorge.

– On ne peut pas laisser Ushindi ici s'il est en danger, dis-je.

– Ushindi doit retrouver la vie sauvage, affirme ma tante. Mais nous allons prendre notre temps et tout faire pour assurer sa sécurité ici.

– Vous promettez tous les deux ?

– Promis ! répondent ma tante et Jephter en même temps.

À peine arrivé, je me précipite vers l'enclos où Ushindi, en pleine forme, découvre son nouvel univers.

Il vient à ma rencontre et me regarde longuement.

Soudain, une voix me fait sursauter :

– C'est une belle bête.

Un garçon légèrement plus âgé que moi s'est accoudé à la rambarde de l'enclos, à mes côtés.

– Jackson, se présente-t-il. Bienvenue parmi nous.

– Moi, c'est Romain.

Il a 13 ans et travaille ici, au centre de soins. Son visage accueillant et sa voix douce m'inspirent confiance.

– Je soigne les animaux qui arrivent, j'espère un jour pouvoir vraiment devenir vétérinaire et travailler avec Jephter.

Nous nous ressemblons, lui et moi.

– Viens, je te fais visiter, dit-il en souriant.

Tandis que ma tante transporte nos affaires dans nos chambres, mon nouvel ami me montre les installations du centre de soins. Dans le premier bâtiment, je découvre divers petits animaux comme des agoutis, des mangoustes et même un lycaon, une sorte de chien sauvage. Certains portent des bandages aux membres ou autour de l'abdomen.

– On va les remettre en liberté dans peu de temps. Ils s'en sortiront.

Mais ce qui me fait le plus frémir, c'est le spectacle désolant d'un lion blessé qui porte un gros pansement autour du corps, dans le deuxième bâtiment.

– Nous l'avons trouvé la semaine dernière, m'informe Jackson.

On lui a tiré dessus et on a bien cru qu'il allait mourir.

C'est une bête magnifique. Sa crinière brune, plus sombre aux extrémités, lui donne un air vraiment majestueux.

– Qui a essayé de le tuer ? Je croyais que la chasse au lion était interdite.

– Oui, il y a des lois, mais elles ne sont jamais appliquées. Les gens sont pauvres, dans mon pays, et les chasseurs ont beaucoup d'argent. Ils paient des patrouilles pour échapper aux contrôles.

Je retrouve ma tante en compagnie de Jephter. Les deux

vétérinaires perçoivent mon inquiétude.

– Nous allons mener notre petite enquête, dit ma tante. Il faut absolument savoir d'où viennent ces attaques contre les lions et tenter de sécuriser la région.

Ma fatigue se mêle à toutes sortes d'autres émotions.

– Au lit ! ordonne ma tante. Demain, une dure journée nous attend.

Sur la trace des lions 3

Le lendemain, le soleil est à peine levé quand ma tante et moi quittons le centre de soins à bord du véhicule tout-terrain.

Jackson nous accompagne. Il est ravi de nous aider. Il connaît très bien cette zone du parc et pourra nous servir de traducteur si nous croisons des gens.

– Je connais la langue et les traditions des Maasaï qui vivent dans la région, dit-il. Je pourrai vous aider à communiquer avec eux.

Enfin je découvre cette savane qui m'a tant fait rêver. La réalité est encore plus belle que les photos. Une immense étendue d'herbe sèche se déroule aussi loin que mon regard peut porter. Quelques rares arbustes se dressent, comme perdus au milieu de cet océan d'herbes jaunes.

Nous croisons quelques animaux de brousse, un gnou, une antilope, un buffle. Nous nous arrêtons pour les observer et prendre quelques photos. Quel plaisir de voir ces bêtes dans leur milieu naturel. Je fais également la connaissance d'espèces plus rares comme les impalas, les topis et les bubales.

Après une bonne centaine de kilomètres et autant de photos, nous y voilà enfin : nous entrons dans la zone où résident les lions, où mon Ushindi vivra.

Mais bientôt la déception remplace mon impatience. Nous ne rencontrons aucun fauve.

– J'ai déjà visité cette réserve, dit ma tante. Les lions y étaient bien plus nombreux.

Notre jeune ami confirme :

– On en voyait beaucoup quand j'étais petit. C'est justement dans cette zone que le lion blessé a été repéré par une patrouille.

Ma tante nous explique que les lions vivent par groupe de trois à trente individus et qu'ils délimitent leur territoire par leurs crottes et leur urine.

– Ils grattent également la terre avec leurs pattes et déposent au sol une substance contenue dans des glandes situées dans leurs coussinets.

Nous devrions donc trouver des traces de leur passage.

Ma tante roule très doucement tandis que nous scrutons attentivement le sol. Rien. Sur des dizaines de kilomètres, absolument rien.

– Aucun lion n'est passé par là, déclare ma tante.

Chose encore plus étrange, les autres animaux se font également très rares.

– C'est pourtant la pleine saison humide, dit ma tante. Les animaux sont en pleine migration et devraient traverser cette partie du parc. Il se passe quelque chose d'anormal.

Nous garons notre véhicule près de la rivière Mara qui prend sa source au Kenya.

– C'est une rivière très importante pour les animaux de la réserve, dit ma tante. Sans eau, pas de vie ! Nous pique-niquerons ici. Restons à bonne distance de l'eau pour ne pas effrayer les animaux.

Nous prenons soin de nous placer sous le vent de façon à dissimuler notre odeur.

Jephter ne s'est pas moqué de nous. Au menu : pilau, fruits frais et pain de Zanzibar. Ça tombe bien, nous avons une faim de… lion !

Mais ce festin ne suffit pas à nous rassurer car, à part un petit troupeau de gnous qui s'approchent des bords de cette rivière, nous ne voyons aucun autre animal. Peut-être sentent-ils notre présence…

– Regardez, dit Jackson, la rivière n'est pas assez haute. Pas étonnant que les animaux ne viennent plus s'y désaltérer.

– Oui, dit ma tante, autrefois il y avait beaucoup plus d'eau.

Une chose est claire : cette zone du parc n'est plus si accueillante pour les animaux, et spécialement pour les lions.

– Les lions sont des chasseurs, explique ma tante. Ils se nourrissent principalement de bovidés, de buffles et de phacochères.

Pas d'eau : pas de proies. Et pas de proies : pas de lion. Tout est logique dans la nature.

Il fait vraiment très chaud à présent. Et, comme me l'explique ma tante, les lions sont inactifs pendant la journée, ils ne chassent qu'à la nuit tombée ou à l'aube. Nous n'avons plus aucune chance d'en rencontrer.

Nous prenons donc le chemin du retour. Ma tante décide d'emprunter une autre route qu'à l'aller, en bordure du parc.

Notre surprise est grande quand nous découvrons, dans cet univers sauvage, plusieurs

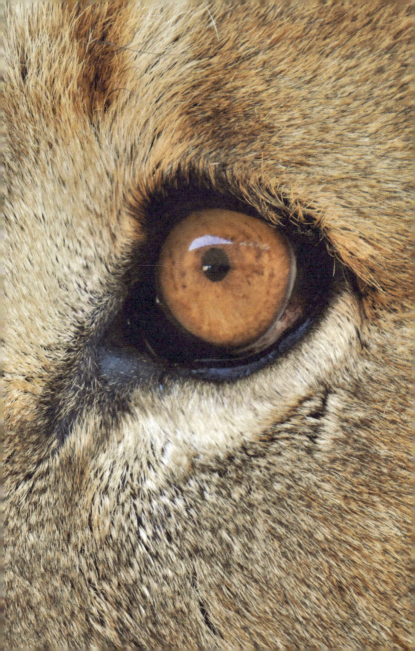

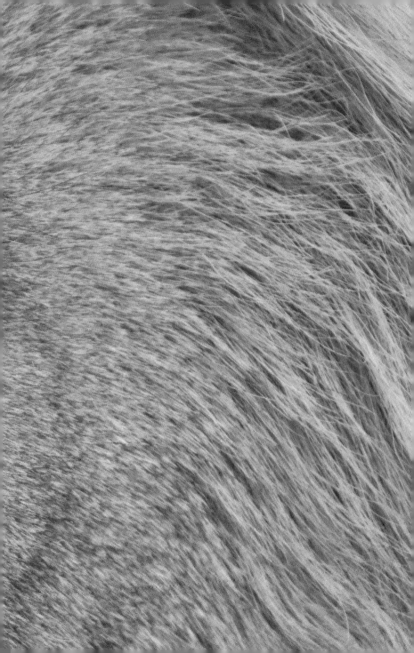

villages constitués de maisons basses.

– Ces villages n'existaient pas, il y a quelques années, dit Jackson.

– La population autour du parc a sans doute augmenté, ajoute ma tante. Je commence à comprendre certaines choses.

Nous retrouvons Jephter au centre de soins en fin d'après-midi. Il est justement en train d'introduire le mâle blessé dans l'enclos d'Ushindi. Après cette journée plutôt inquiétante, il est réjouissant d'observer de quelle façon ces deux lions vont lier connaissance.

– Ce n'est pas gagné, prévient Jephter. Le mâle blessé est un chef de groupe. S'il a peur qu'Ushindi cherche à le contester, il le repoussera.

Ushindi, d'abord apeuré, se réfugie au fond de l'enclos, derrière un tronc d'arbre.

– Laissons-les entre eux, conseille le vétérinaire. Et venez plutôt me raconter votre journée.

Nous nous retrouvons devant une assiette de beignets de fleurs d'acacia.

Quelques minutes après, le vétérinaire en sait autant que nous. Cette situation ne l'étonne pas tellement.

– Comme la population augmente, de plus en plus d'éleveurs et de cultivateurs s'installent en bordure du parc, explique-t-il. Pour se nourrir et aussi protéger leurs cultures, ils tuent de plus en plus de petits animaux. Alors les lions ne trouvent plus leurs proies naturelles.

Ma tante montre sur une carte la rivière Mara près de laquelle nous avons déjeuné à midi.

– Tu dis qu'elle était très basse ? demande Jephter. Cette rivière

vient du Kenya, de plus en plus de monde utilise son eau. Quand elle arrive dans le parc, son cours est déjà faible. Les villageois puisent de l'eau pour leur bétail et leur culture, il ne reste plus rien pour les lions et leurs proies naturelles.

La situation semble impossible à résoudre.

– Les hommes ont besoin de vivre, dit Jephter, et les lions aussi.

– Il faudrait partager le territoire de façon un peu plus équitable, dis-je. Et puis les hommes ne sont pas une espèce en voie d'extinction. Ce sont les lions qui risquent de disparaître !

Jephter et ma tante sourient.

– Ça fait plaisir de voir un garçon aussi combatif, dit le vétérinaire.

Hors de question d'abandonner. Ushindi doit vivre dans une nature hospitalière.

La première chose à faire est de savoir qui tire sur les lions.

– J'ai ma petite idée, confie Jephter, mais il faut des preuves. Demain matin, à l'aube, nous irons monter la garde près des villages que vous avez vus. Il faut en avoir le cœur net.

Rencontre avec les Maasaï — 4

Le lendemain, nous reprenons la route à la fin de la nuit, cette fois-ci en compagnie de Jephter. Il s'est muni d'un fusil.

– Je ferai tout pour ne pas avoir à m'en servir, mais on ne sait jamais. Il faut pouvoir se défendre.

Le ciel commence à devenir rose quand nous abandonnons notre véhicule pour marcher jusqu'à une petite colline d'où nous observons un village. Nous fouillons les environs avec nos jumelles.

Cette fois, nous n'avons pas à attendre longtemps. Trois lions majestueux apparaissent. Deux femelles et un mâle.

– Ils vont vers le village, chuchote ma tante.

– Je crois qu'ils vont s'en prendre au bétail des villageois, déclare Jephter.

– C'est normal, dit ma tante. Ils meurent de faim, ils cherchent de la nourriture.

Soudain, nous apercevons un homme perché sur une petite plate-forme, aux abords du village. Une centaine de mètres le sépare des trois fauves. Que fait-il ? Mon cœur s'emballe. Il épaule un fusil ! Pourvu que les lions le voient !

Un coup de feu retentit. L'odeur de poudre me pique le

nez. Jephter vient de tirer en l'air pour faire fuir les félins.

Les lions détalent à travers les herbes de la savane. Ils sont sauvés, c'est l'essentiel.

Notre mission a porté ses fruits. Nous savons pourquoi les lions se font rares dans la région. Ils ne trouvent plus de proie et sont poussés par la faim à s'attaquer au bétail des villageois.

Je passe le reste de la journée à observer Ushindi et le grand mâle. Ils sont devenus très complices. Ils font semblant de se

battre, se foncent dessus, se mordent les oreilles.

Ce spectacle rassurant me permet d'oublier ce que j'ai vu le matin même.

Au déjeuner, la discussion est grave.

– Il faut aller parler aux villageois Maasaï, déclare Jephter. En engageant le dialogue avec eux, nous pourrons renverser la situation. Qu'en penses-tu, Jackson ?

– Les villageois aiment et admirent les lions, répond le garçon. Mais ces gens ont besoin de vivre, eux aussi. Ils ne peuvent pas laisser les lions dévorer leur bétail.

Je dois reconnaître qu'il n'a pas tort.

– Il y a sûrement de la place pour tout le monde, humains et fauves, dit ma tante. Il suffit de mieux partager le territoire de façon à ce que chacun puisse y vivre heureux.

C'est décidé, dès que nous le pourrons, nous irons parler aux chefs des villages.

Deux jours plus tard, nous sommes reçus par les représentants des éleveurs dans l'école du plus important village de la région.

Les représentants Maasaï que nous rencontrons sont âgés, car ici ce sont les anciens qui prennent les décisions importantes. Ils portent la tenue rouge traditionnelle et les lobes de leurs oreilles sont ornés de disques dorés. Nous sommes impressionnés et honorés.

Au début, leur méfiance est évidente. Mais très vite, grâce à Jackson qui traduit nos propos, le dialogue s'engage facilement.

Ils comprennent parfaitement notre problème. Eux aussi aiment les lions, qu'ils admirent depuis leur enfance.

– Autrefois, dit l'un des chefs, tuer un lion chez les Maasaï pouvait apporter gloire et célébrité, mais plus maintenant. Aucun Maasaï ne tuera un lion, sauf s'il y est obligé. Pour protéger son propre troupeau, par exemple.

– Avant, nous vivions en harmonie avec les animaux sauvages, regrette un des autres chefs. Mais, depuis quelque temps, ils s'approchent très près de nos villages…

– Peut-être parce qu'il y a de moins en moins d'eau, et donc moins de proies pour les lions, intervient Jephter.

– Nous aussi avons besoin d'eau pour nos cultures, nos bêtes, et nos enfants. Personne ne peut vivre sans eau.

Il sourit et ajoute :

– Nous sommes d'accord pour chercher des solutions avec vous.

Tout n'est pas perdu. Il suffit de réfléchir ensemble.

– Nous ne souhaitons qu'une chose, dit le plus âgé des Maasaï. Vivre en paix avec les hommes et les animaux.

Pour finir, les trois Maasaï nous proposent d'admirer leurs bêtes, ce qui est un signe de considération et d'estime. Nous

nous quittons avec l'espoir de travailler ensemble.

Les jours suivants, nous ne perdons pas notre temps. Et heureusement parce que, dans une semaine, il faudra dire adieu à Ushindi et repartir en Europe.

Nous nous levons très tôt et réfléchissons tous ensemble aux solutions possibles. Ma tante est un vrai bulldozer. Son cerveau produit une idée à la seconde.

– J'ai contacté des scientifiques français, nous annonce-t-elle. Ils ont étudié le problème.

D'après eux, il serait possible de construire des « murs vivants ».

J'éclate de rire.

— Des murs vivants ?! Il n'y a que toi pour inventer ça !

— C'est très sérieux. Il suffit d'associer un grillage très solide à une plante grimpante locale. Le camphrier qui pousse ici ferait parfaitement l'affaire. L'ensemble formera une barrière très efficace !

Jephter n'est pas en reste. Son idée ? Créer à l'intérieur même du parc une zone ultra protégée, avec des patrouilles efficaces qui surveilleront à la fois les lions et les braconniers.

– Mais cela va coûter beaucoup, beaucoup d'argent, dit ma tante. Et la Tanzanie, comme tu le sais, est un pays pauvre.

Jephter a un petit sourire en coin, que je commence à connaître, et il nous annonce fièrement :

– J'ai contacté un vieux copain de lycée. Mbwana Ally Samatta va nous faire l'honneur de nous aider, de porter notre cause !

Jephter et Jackson sautent de joie ensemble en poussant des cris.

– Mbwana Ally Samatta ! hurle Jackson. Vous vous rendez compte ?!

– Ben… pas trop…, dis-je.

– Mbwana Ally Samatta est le capitaine de l'équipe de football de Tanzanie, nous informe Jephter. Un joueur exceptionnel et très populaire. Il m'a promis que toute son équipe porterait un brassard pendant les prochains matchs pour sensibiliser la population. Il va aussi fonder une association pour récolter des fonds.

Il y a en effet de quoi sauter de joie.

Jackson et moi avons également des choses à proposer.

– Nous allons faire des interventions dans les écoles de

villages, annoncé-je. Ils nous écouteront.

– Brillante idée, lance ma tante. Une fois lancés, les enfants sont de vrais chars d'assaut. Dans quelques années, ce seront les enfants de ces écoles qui devront s'occuper de la nature.

À l'action !

5

Le moment est venu de passer à l'action. Les Maasaï accueillent avec faveur l'idée du mur vivant, qui leur rappelle l'une de leurs anciennes coutumes.

– Les premiers grillages arriveront par avion-cargo la semaine prochaine, annonce ma tante.

Les installer ne prendra que quelques jours.

– Tous les villageois participeront activement aux travaux, nous assure le chef de la délégation.

Quant à l'idée de la zone ultra protégée surveillée par des patrouilles, elle provoque une grande joie chez les Maasaï.

– Les lions seront de plus en plus nombreux, explique Jephter. Les touristes qui apprécient vraiment la nature et les fauves reviendront. Ce tourisme rapportera de l'argent.

– Une partie de cet argent sera reversé aux différents villages, complète ma tante. Ainsi vous pourrez creuser des puits pour vos cultures afin de moins puiser dans la rivière Mara. De cette façon, les proies des lions reviendront et les fauves resteront éloignés de vos villages.

Pour montrer leur enthousiasme, les sages Maasaï prennent l'engagement de ne plus tuer aucun lion, même si tout cela doit prendre un peu de temps.

Les jours suivants nous mettent à rude épreuve, Jackson et moi. Les maîtres d'écoles, conquis par notre initiative, nous ouvrent les portes de leurs classes.

Les écoles dans lesquelles nous passons n'ont pas grand-chose en commun avec nos écoles françaises. En revanche, la ferveur des enfants pour défendre la nature y est la même. Ils comprennent parfaitement nos craintes. Même si Jackson doit traduire mes propos, nous parlons un langage commun.

– Il faut partager notre espace, dis-je. Il y a de la place pour tout le monde. Hommes et lions. Si on respecte l'habitat des lions, ils respecteront le nôtre. C'est juste une question d'organisation et de bonne volonté.

Quand nous leur proposons de devenir parrain d'un lion de la future zone ultra protégée, ils hurlent de joie.

Les idées fusent, il est impossible de les arrêter. Les enfants décident d'organiser une pétition, de faire pression sur leurs parents, de mener des campagnes d'information.

– Peut-être qu'un jour, nous aussi on pourra travailler pour la réserve ?

– Bien sûr ! répond Jackson. On aura besoin de beaucoup de monde. Et puis vous viendrez faire des stages à la clinique, comme moi.

Leurs yeux brillent.

– Vous pouvez compter sur nous. Vous allez voir, ça va être une vraie tornade.

Après ces folles journées d'action, nous nous accordons un repos bien mérité.

Je profite de cette pause pour me préparer à quitter Ushindi. Il a changé, depuis son arrivée. Il s'éloigne un peu de moi. C'est bon signe mais c'est tout de même un peu difficile à accepter. Comme il est marrant quand il marche à côté du grand mâle en faisant rouler ses épaules !

Voilà qu'il se prend vraiment pour le roi des animaux.

Dans deux jours, nous serons séparés, et ensuite il me faudra quitter tout ce petit univers auquel je me suis attaché.

Le soir, nous regardons le match amical de l'équipe de Tanzanie contre celle du Bénin sur un vieux téléviseur. Lorsque le célèbre capitaine Mbwana Ally Samatta entre sur le terrain, nous retenons notre souffle.

Il a tenu promesse. Autour de son bras, il porte un brassard sur lequel un lion est imprimé. En quelques minutes, grâce aux réseaux sociaux, la protection des lions se retrouve sous le feu des projecteurs.

Nous devons nous coucher tôt car demain il nous reste quelque chose d'important à accomplir. Une épreuve à affronter.

Jephter a passé sa journée à préparer ce combat.

– Les braconniers. Il faut absolument leur montrer que nous existons. Si nous les laissons faire, notre combat n'aura servi à rien.

Ma tante se tourne vers moi.

– Désolée, tu ne viendras pas. C'est trop dangereux. Les chasseurs sont prêts à tout. Il y a trop de risques.

Je grimace un sourire. En fait, je bouillonne de rage.

Désespéré, je pars me coucher. Mais je n'ai pas dit mon dernier mot. Je suis plutôt du genre têtu.

Il fait encore très sombre lorsque je me glisse à l'arrière du 4 × 4, sous la bâche qui abrite le matériel de Jephter.

Les autres ne tardent pas à prendre place et nous partons rapidement. Je n'ai peur que d'une chose : être repéré et ramené au centre de soins.

Nous roulons depuis une bonne heure lorsque j'entends ma tante s'exclamer :

– Ma caméra ne fonctionne plus ! C'est une catastrophe !

Je sors alors de ma cachette en criant :

– J'ai mon appareil, je suis prêt à tout photographier !

Je regrette de ne pas avoir eu le réflexe de photographier le visage de ma tante à ce moment-là. Elle met au moins dix minutes à retrouver la parole, pour finalement déclarer :

– Bon, d'accord.

Ce que nous voyons brusquement a de quoi nous couper le

souffle. Un groupe de lions apparaît au détour d'une petite forêt. Ils sont au moins trente et se déplacent paisiblement. Le groupe est encadré par trois mâles dominants qui veillent à sa sécurité. Leur pelage sable se confond avec la couleur des herbes de la savane.

Jephter arrête aussitôt le véhicule. Il ne faut surtout pas les effrayer. De toute façon, ils ne vont pas tarder à nous repérer. En attendant, je prends quelques clichés pour immortaliser ce spectacle unique.

Soudain, le groupe de lions s'immobilise. Les trois mâles se mettent à courir dans tous les sens, affolés. Autour, toute la nature semble s'immobiliser. Des milliers d'oiseaux se sauvent dans le ciel. Que se passe-t-il ? Nous entendons plusieurs rugissements.

— Ils ont peur, dit ma tante. Ils paniquent.

D'un seul coup, les trente lions se mettent à bondir à toute vitesse. Certaines femelles emportent leurs petits vulnérables entre leurs mâchoires.

Un véhicule surgit. Un pick-up surpuissant aux roues énormes. Trois hommes sur la plate-forme tiennent des armes qui ressemblent à de petits canons.

– Ne t'arrête surtout pas de photographier ! crie ma tante.

Jephter met le contact et enclenche la première. Les pneus dérapent. J'ai du mal à tenir en équilibre.

– Là, grogne le vétérinaire, c'est entre eux et moi que ça se passe.

Son plan est clair : intercepter les tueurs pour les empêcher de tirer.

Mais leur véhicule est bien plus rapide que le nôtre. Les premiers coups de feu retentissent, ils font trembler le ciel. Mais heureusement aucun lion n'est touché. Cependant, les fauves ne tiendront pas la distance très longtemps. Dans quelques minutes, les tueurs les auront rattrapés et ils seront sans pitié.

Jephter est un pilote hors pair, habitué à la brousse, et il a réussi à placer son véhicule à hauteur de celui des hommes armés.

– Accrochez-vous ! crie-t-il.

Un bon coup de volant à droite lui permet de percuter la Jeep des chasseurs et de dévier sa course. Les hommes basculent en arrière. Leur chauffeur, un jeune homme de la région, s'arrête. Jephter en profite pour leur barrer le chemin.

– Tu as tout photographié ? me demande-t-il.

– Tout est dans la boîte. J'ai même pris une petite vidéo.

Aussitôt, Jephter descend du 4 × 4 et met les braconniers hors d'état de nuire. Il ne reste plus qu'à les livrer à la police pour qu'ils servent d'exemple aux autres malfaiteurs.

Au revoir, Ushindi — 6

Dernier jour. Celui de la séparation avec Ushindi. Dans le 4 × 4 qui nous transporte là où nous allons le relâcher avec le grand mâle, je revois tout ce que nous avons vécu ensemble. J'ai la gorge serrée.

Mon protégé sent qu'il va retrouver la liberté et cette immense joie balaie tout le reste.

Nous y voilà.

Ma tante me tient par les épaules. Les deux cages s'ouvrent. Ushindi renifle, comprend puis saute en premier sur le sol. Le mâle le suit. Il hésite encore, se retourne une dernière fois vers moi.

Je lui fais un petit signe de la main et le regarde bondir vers la liberté.

À notre tour de quitter tout ce petit monde pour retrouver la France.

Je ne parviens pas à retenir mes larmes en serrant dans mes

bras mon cher Jackson. J'ai l'impression de le connaître depuis toujours.

– On se reverra ? demande-t-il.

– Promis. Je reviendrai. Et toi aussi, tu viendras me voir.

Ma tante et Jephter sont également très émus. En deux semaines, nous avons partagé tant de choses.

Le vétérinaire me prend par les épaules et me dit :

– Continue. On a besoin de toi.

Comme c'est étrange de retrouver la France, mon immeuble, ma chambre.

Je porte encore sur moi l'odeur de là-bas. Je me sens un peu étranger.

Je regarde une photo d'Ushindi et je suis heureux.

Fin

Si tu veux poursuivre ton voyage
et découvrir encore plus de photos
de lions et des vidéos immersives à 360°,
va sur le site :

www.bibliothequeverte.com

WILD IMMERSION

Table

1. En route pour l'aventure !..........7
2. Au cœur de la savane................19
3. Sur la trace des lions................35
4. Rencontre avec les Maasaï........53
5. À l'action !..................................71
6. Au revoir, Ushindi......................89

hachette s'engage pour l'environnement en réduisant l'empreinte carbone de ses livres. Celle de cet exemplaire est de :
400 g éq. CO$_2$
Rendez-vous sur
www.hachette-durable.fr

PAPIER À BASE DE FIBRES CERTIFIÉES

Photogravure Nord Compo - Villeneuve-d'Ascq

Imprimé en Espagne par Macrolibros
Dépôt légal : janvier 2020
Achevé d'imprimer : avril 2022
17.0790.4/09 – ISBN 978-2-01-712048-3
Loi n° 49956 du 16 juillet 1949
sur les publications destinées à la jeunesse